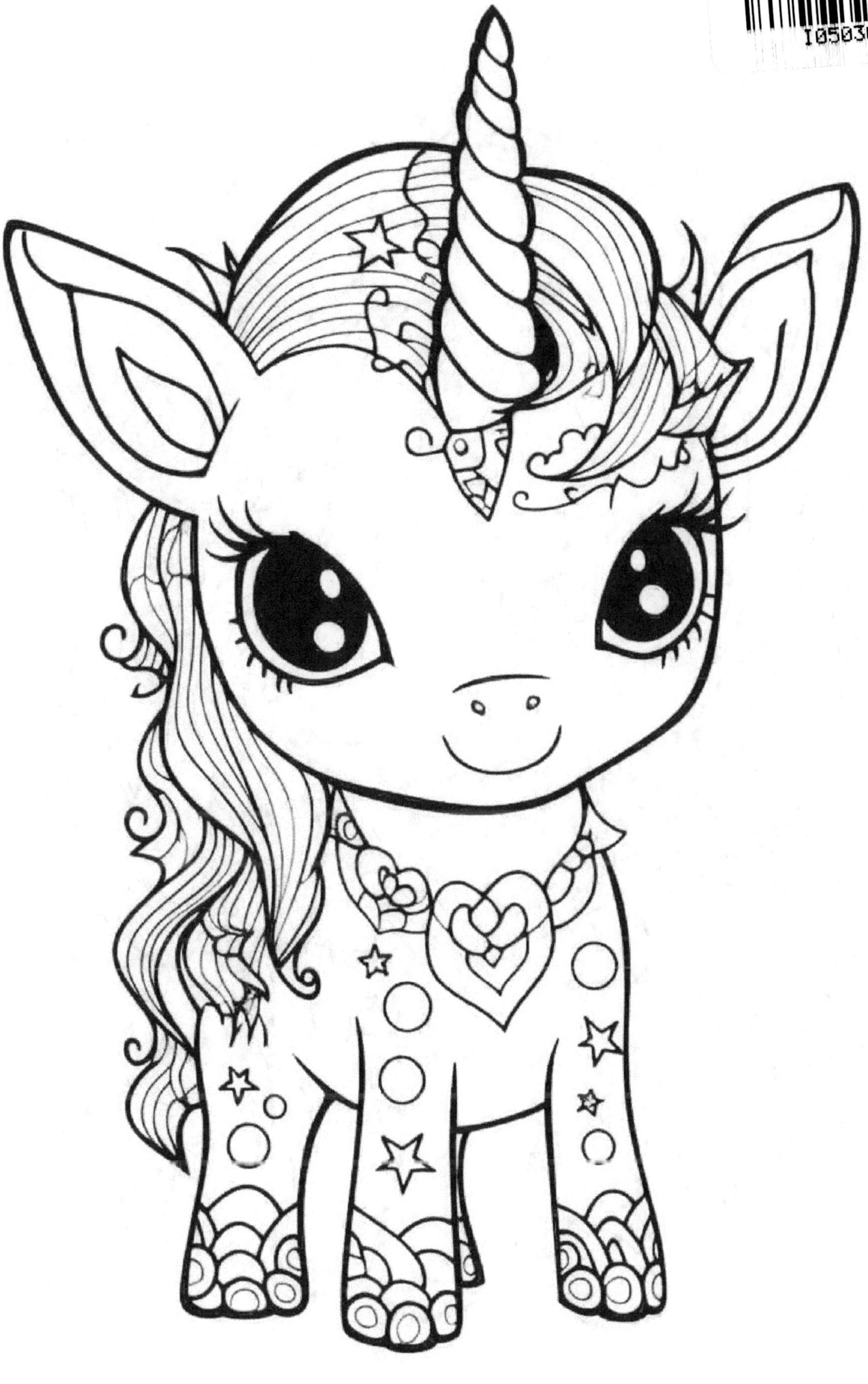

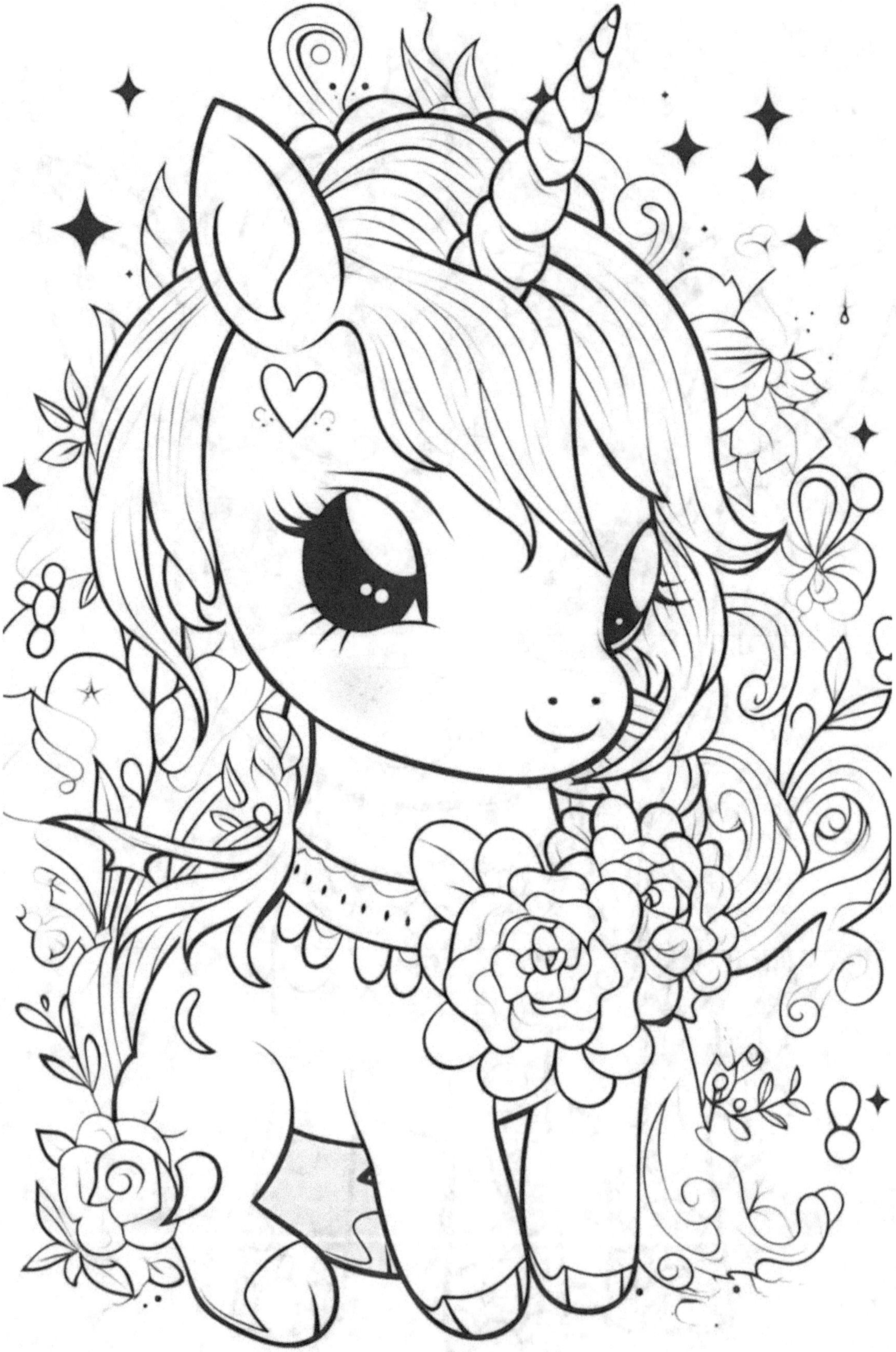

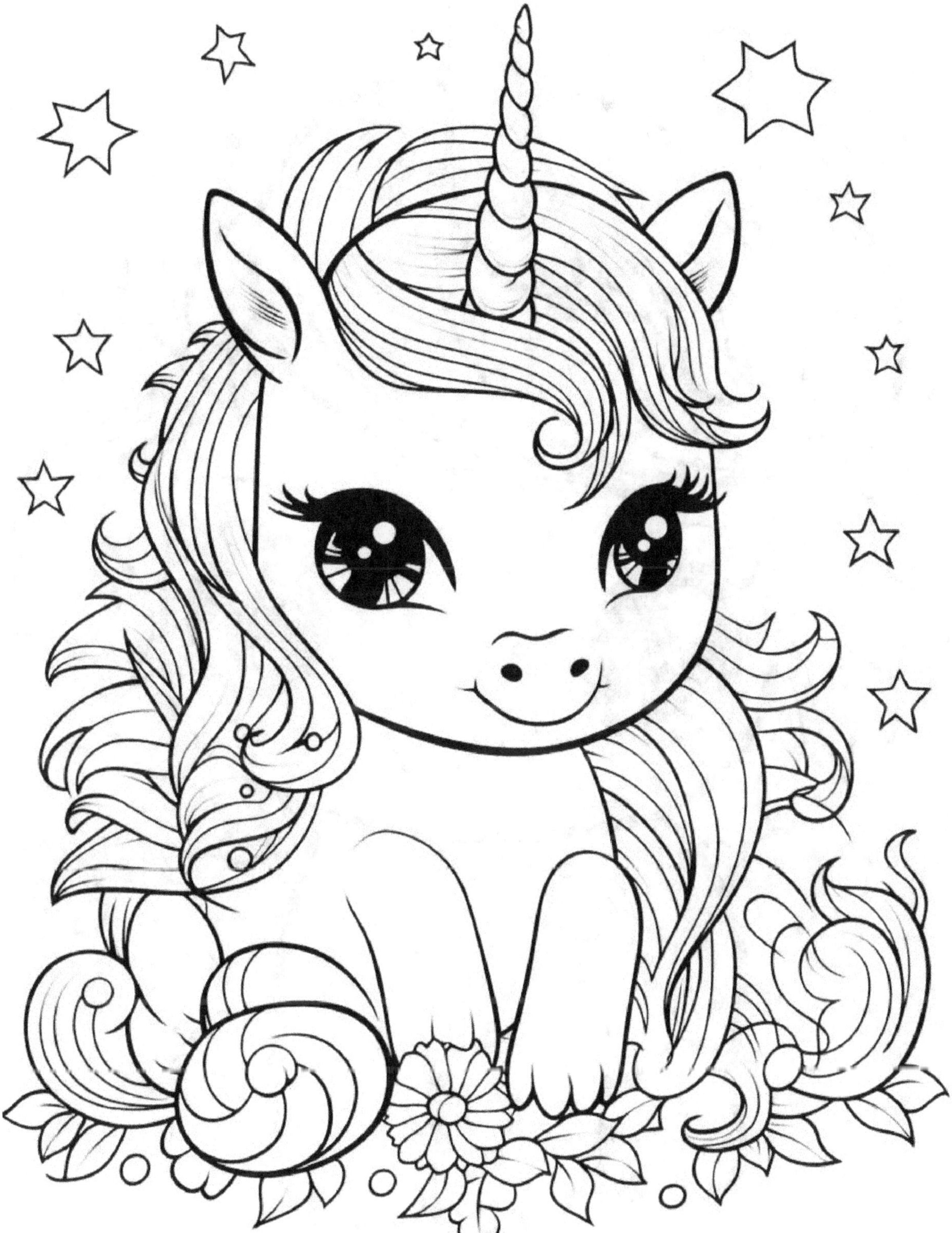

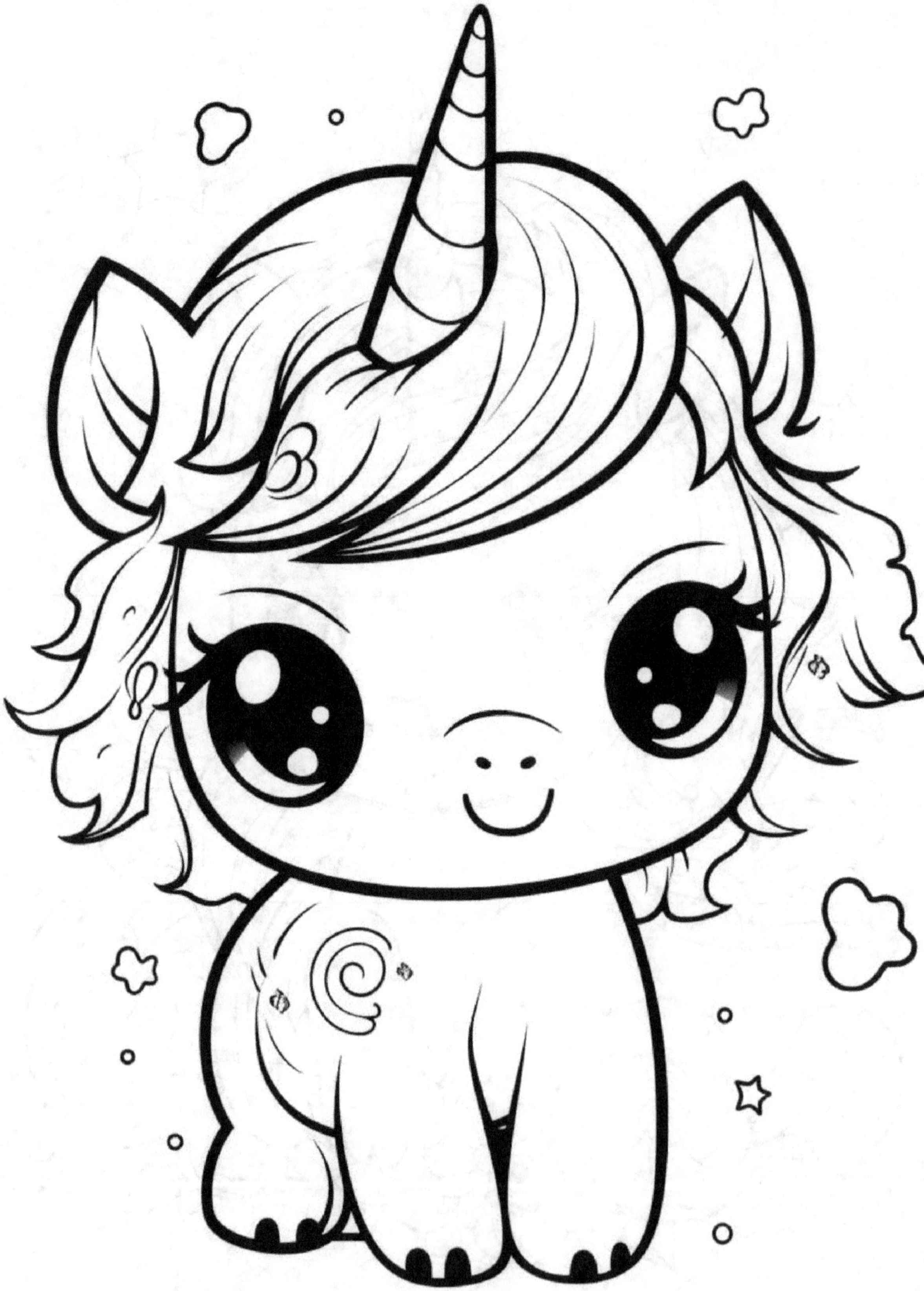

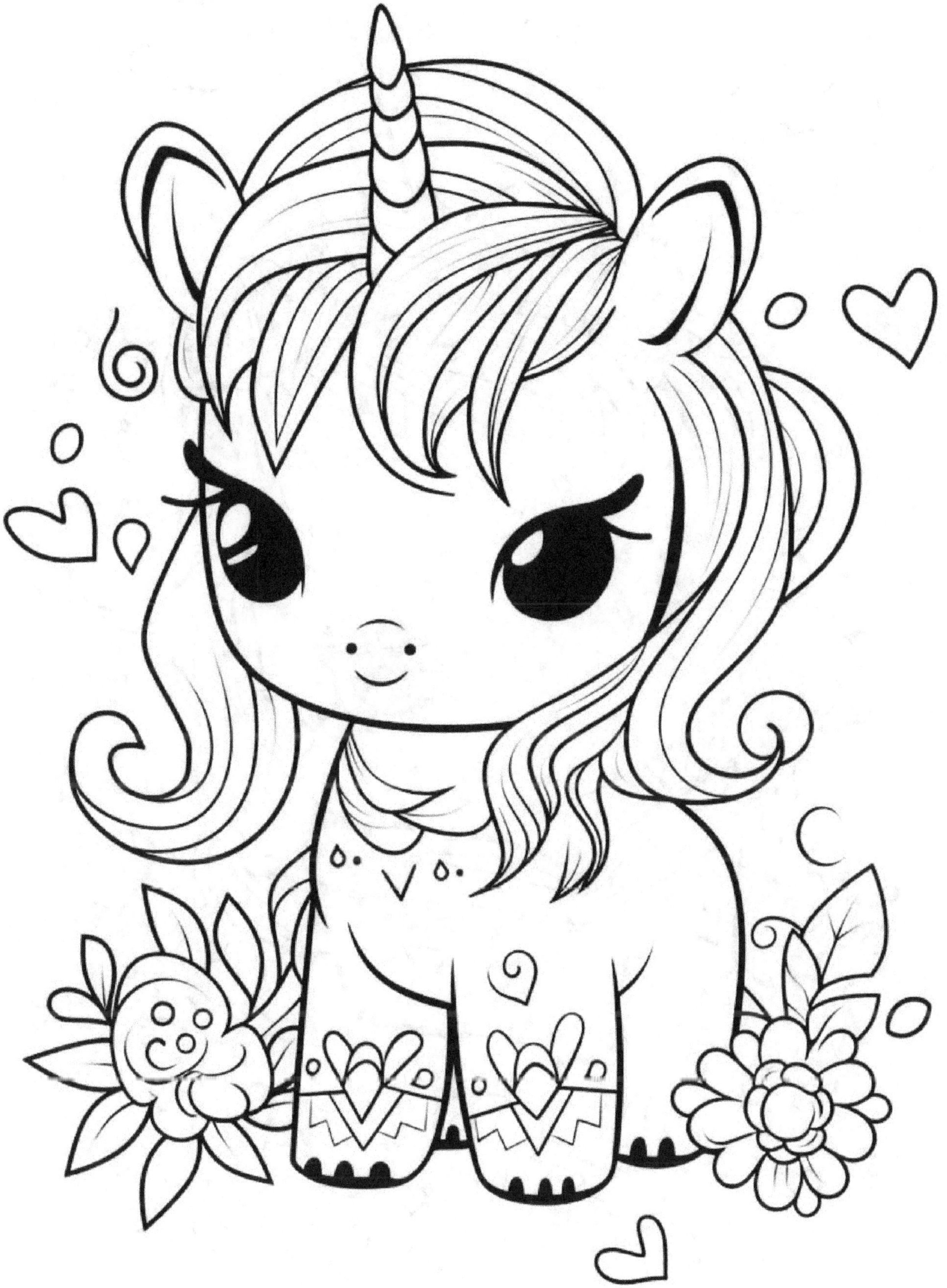

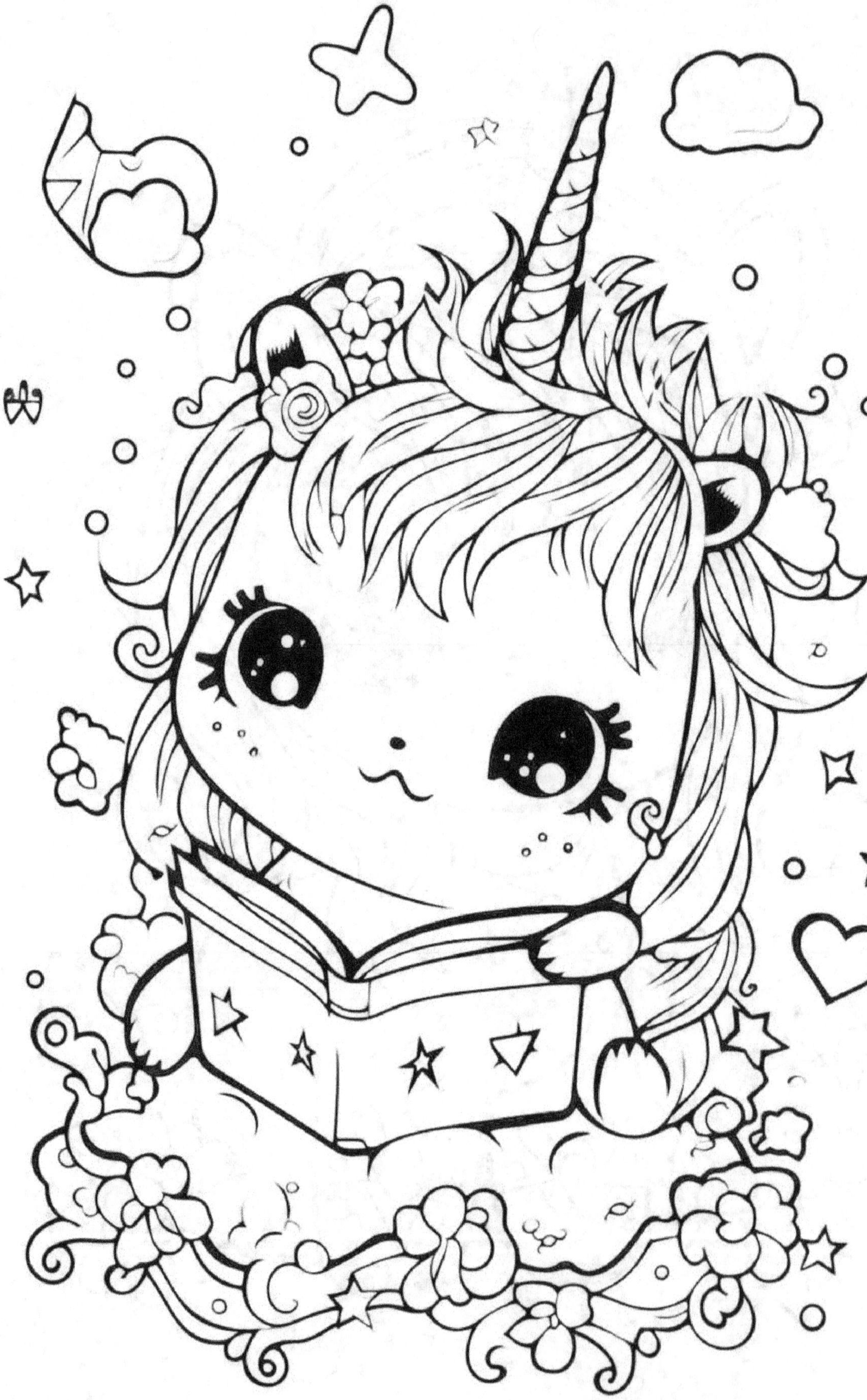

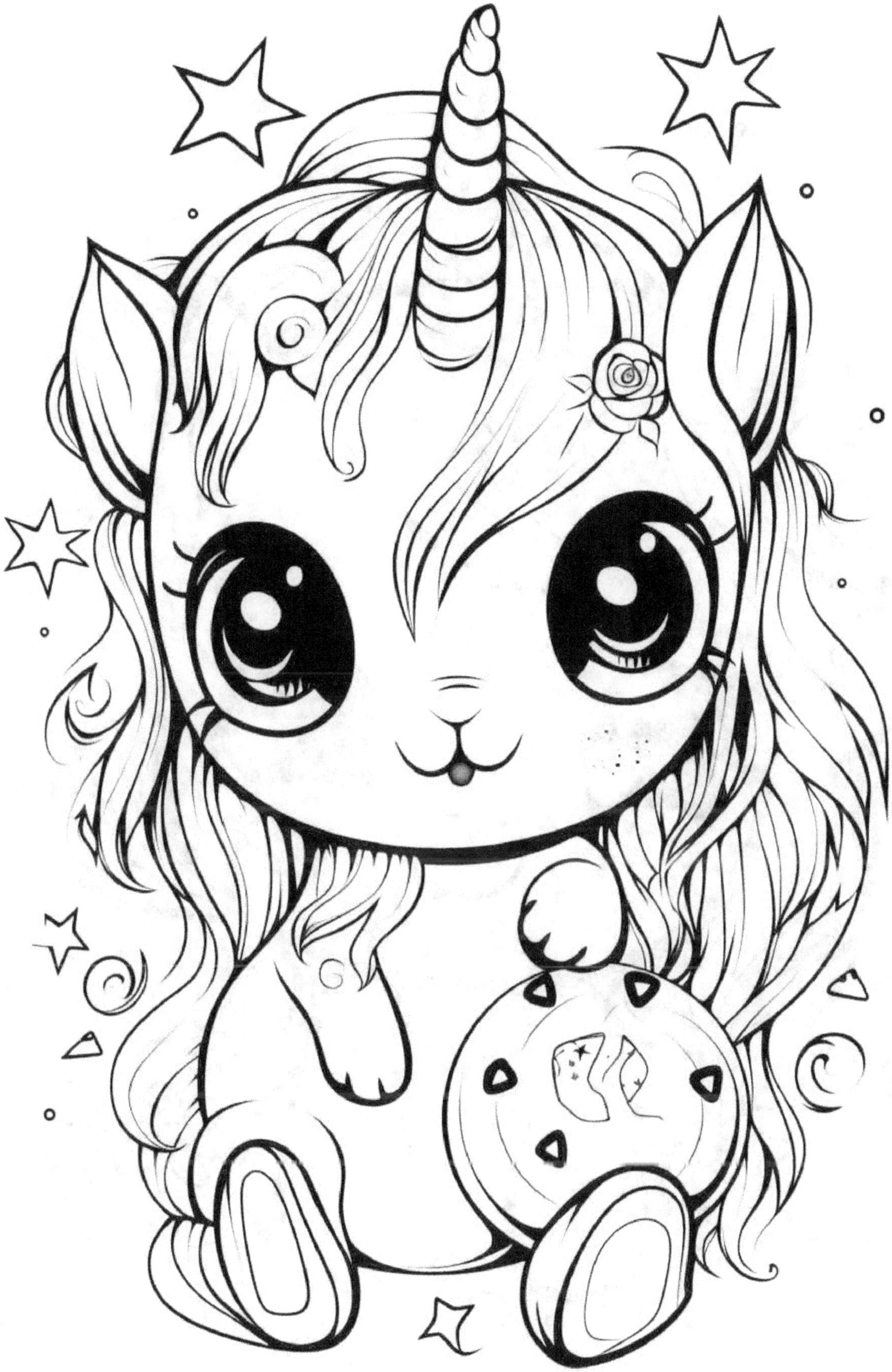

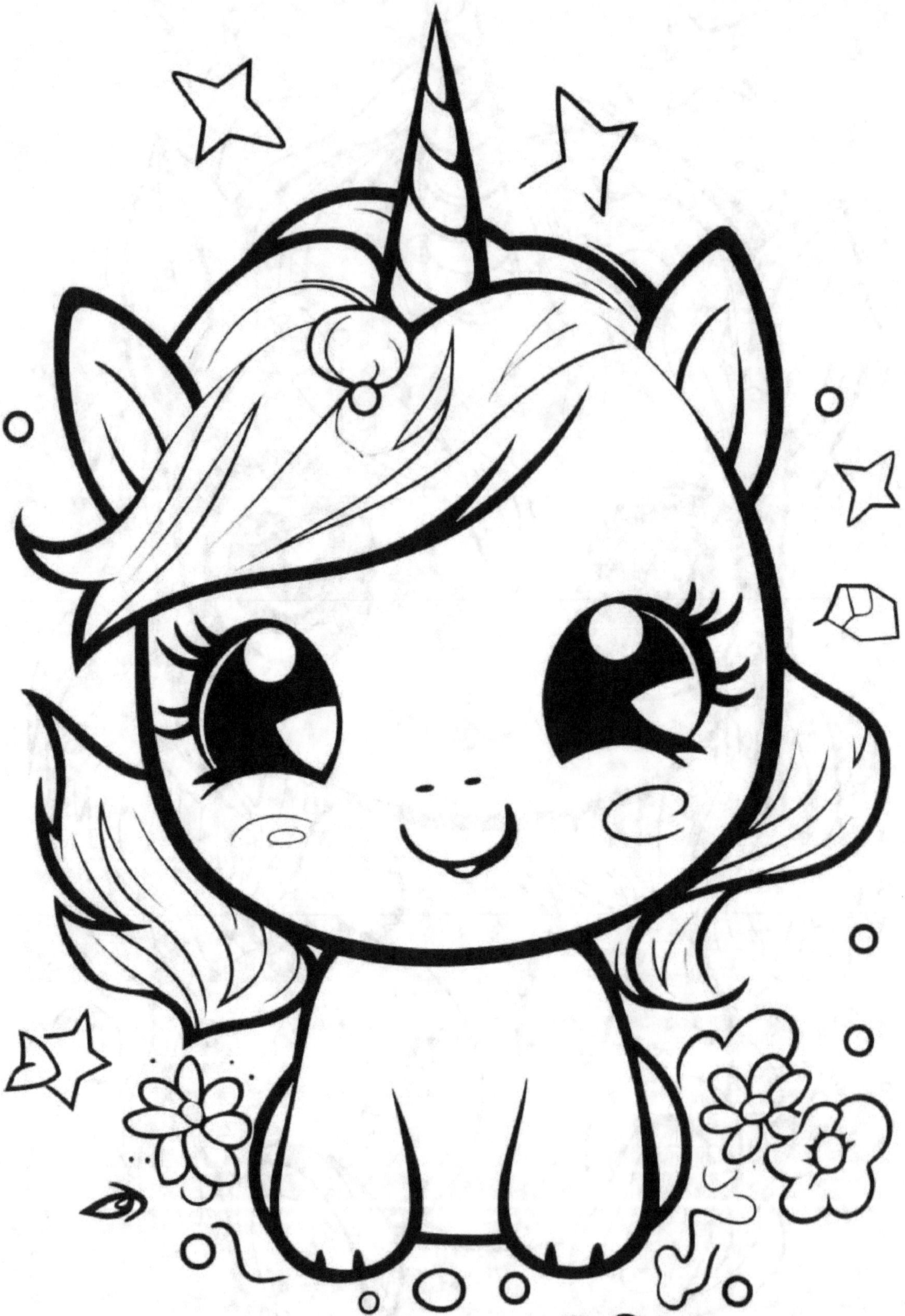

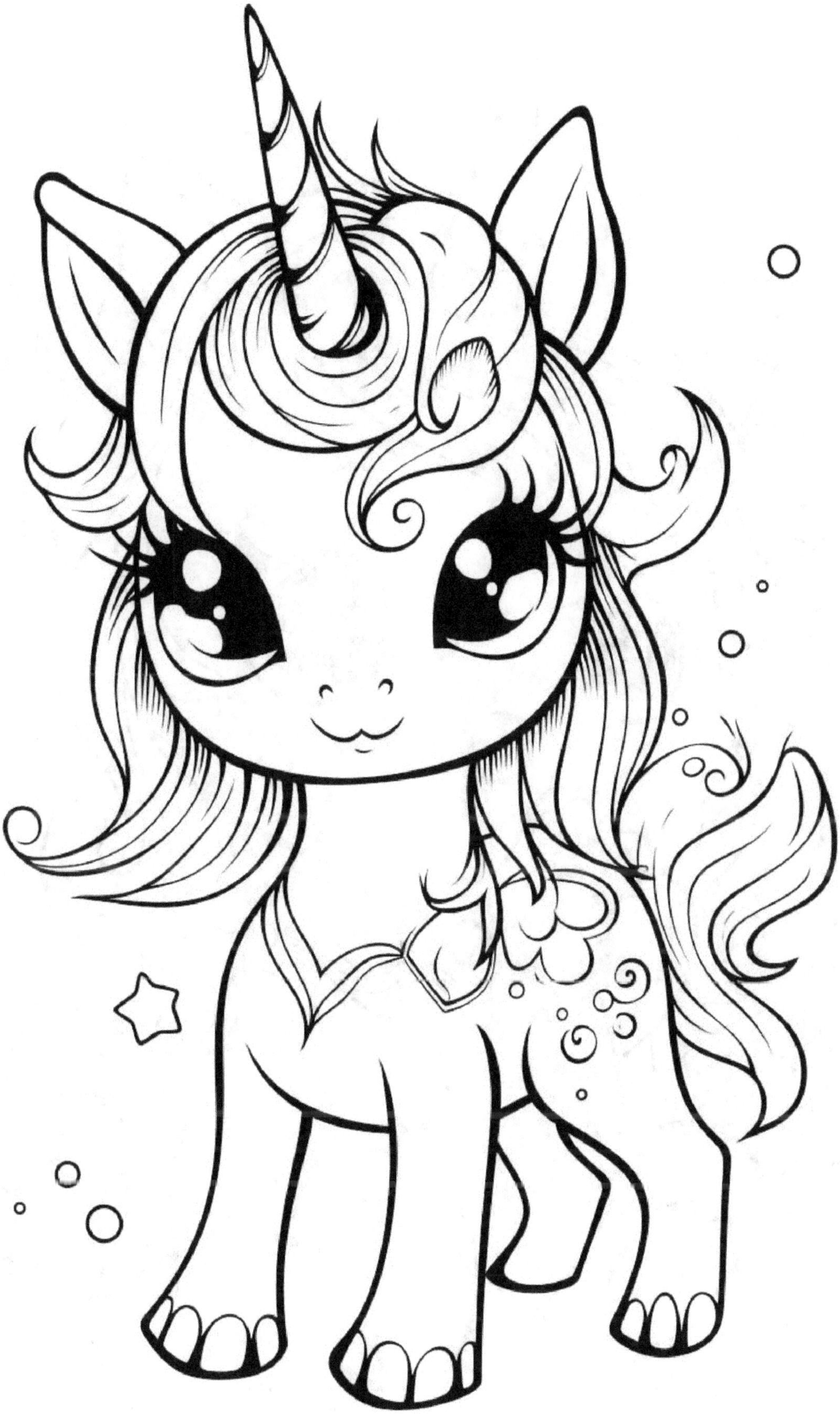

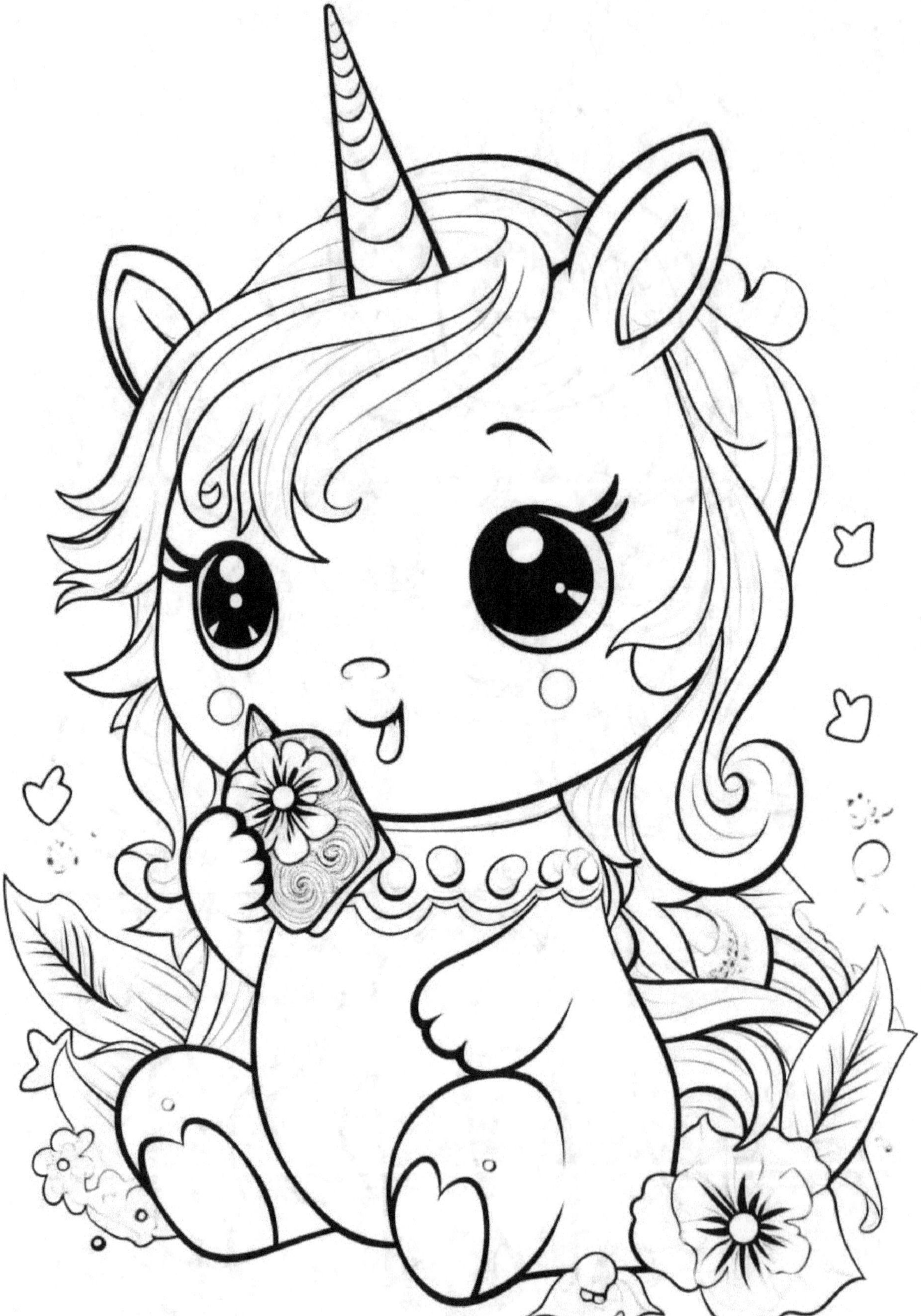

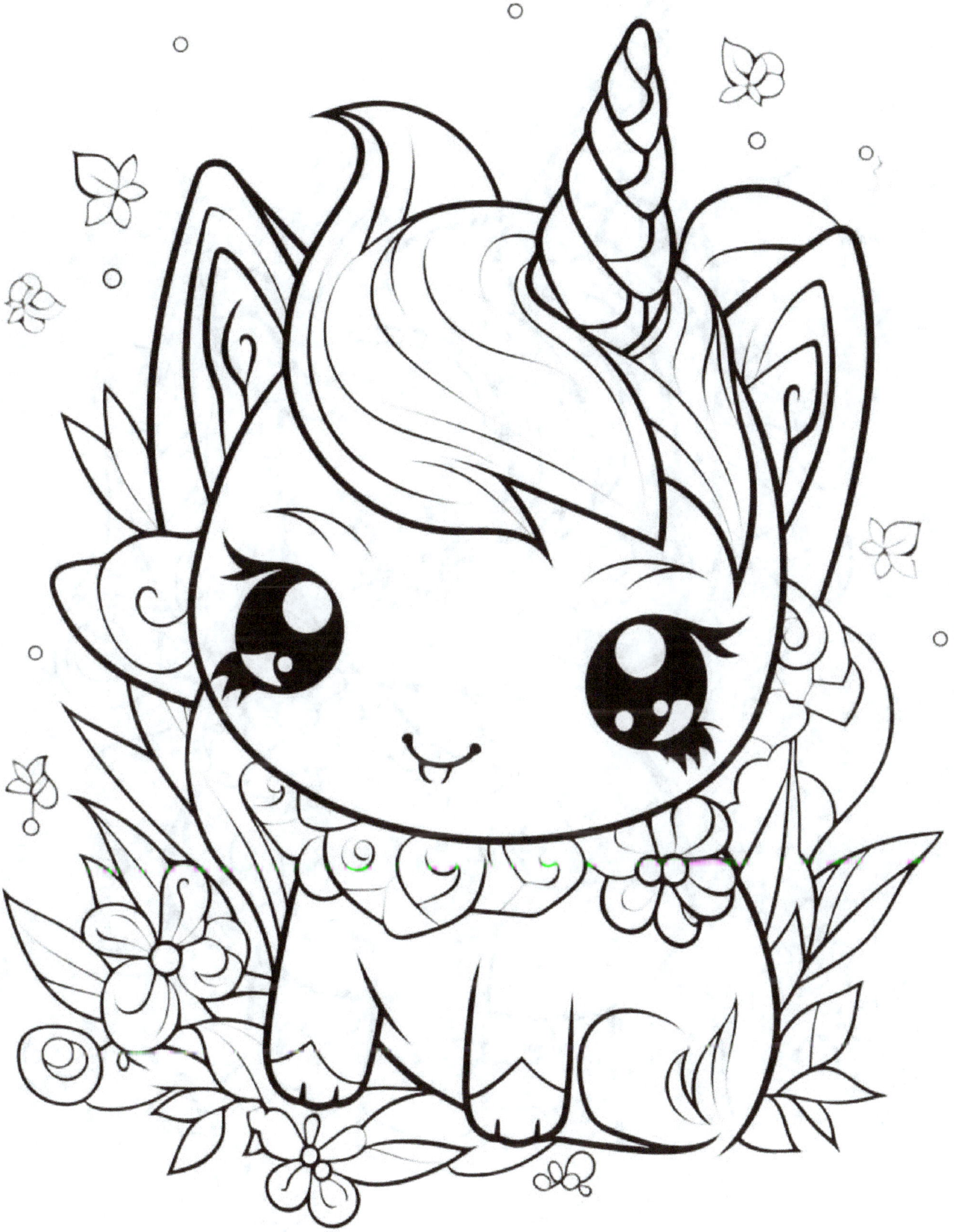

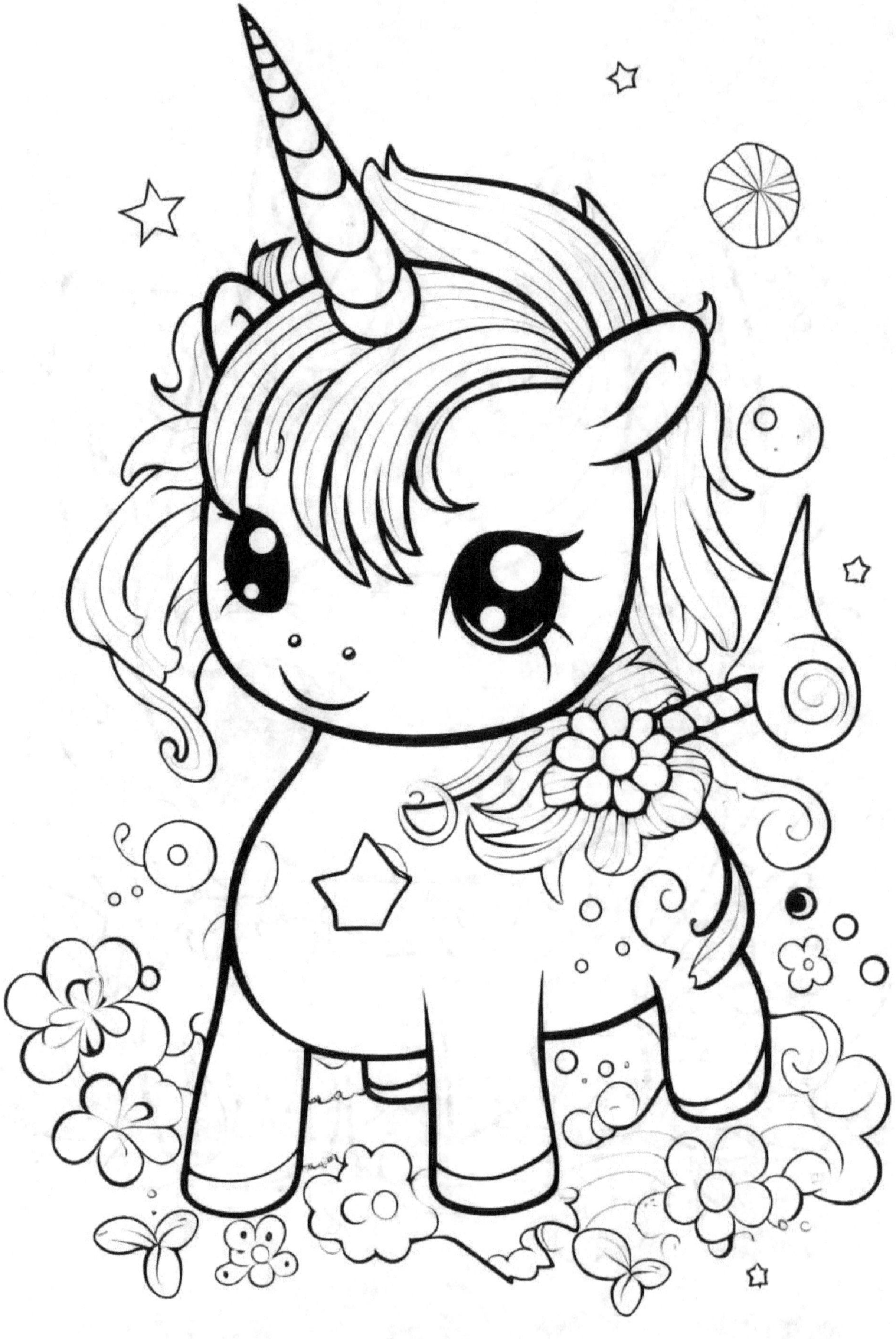

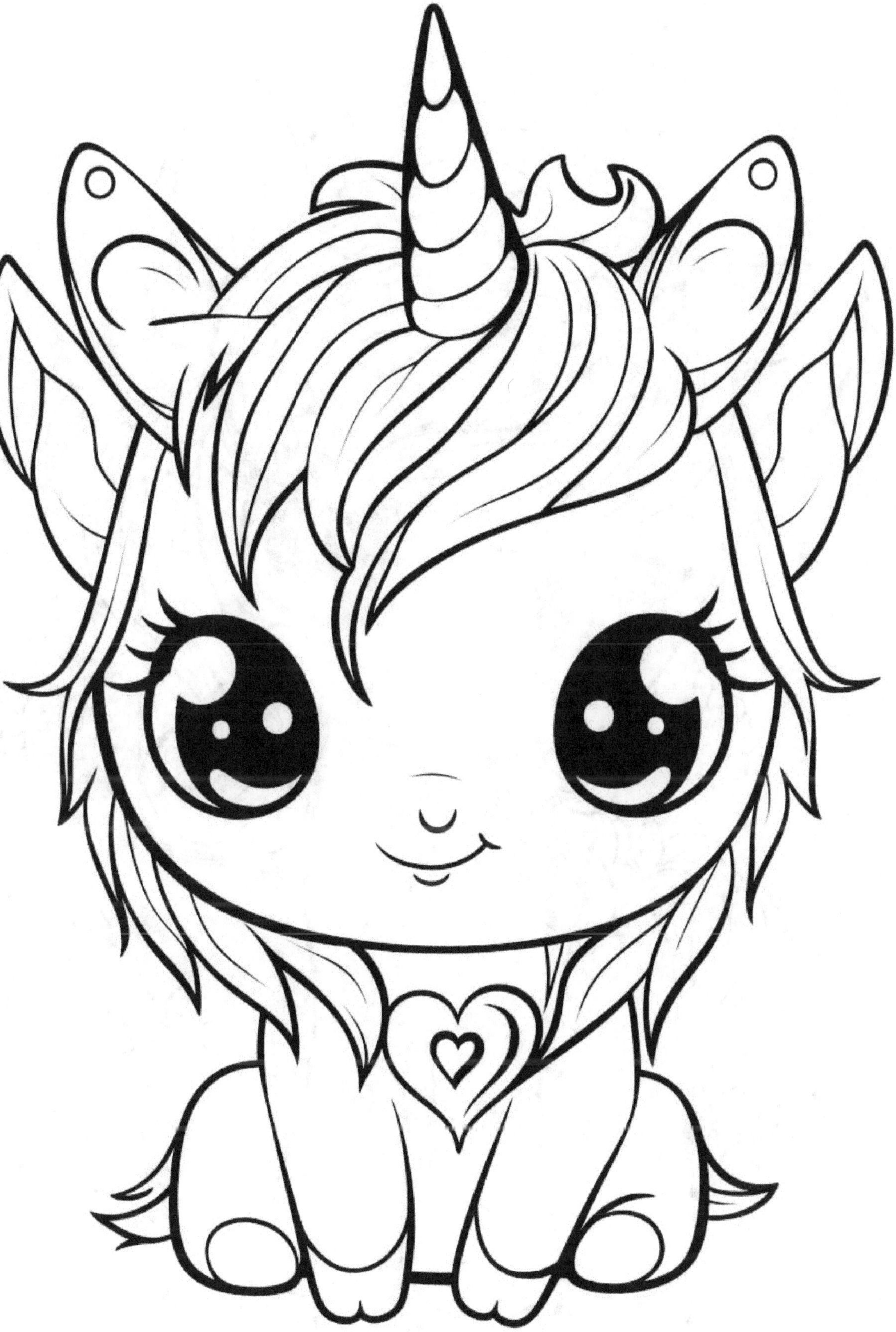

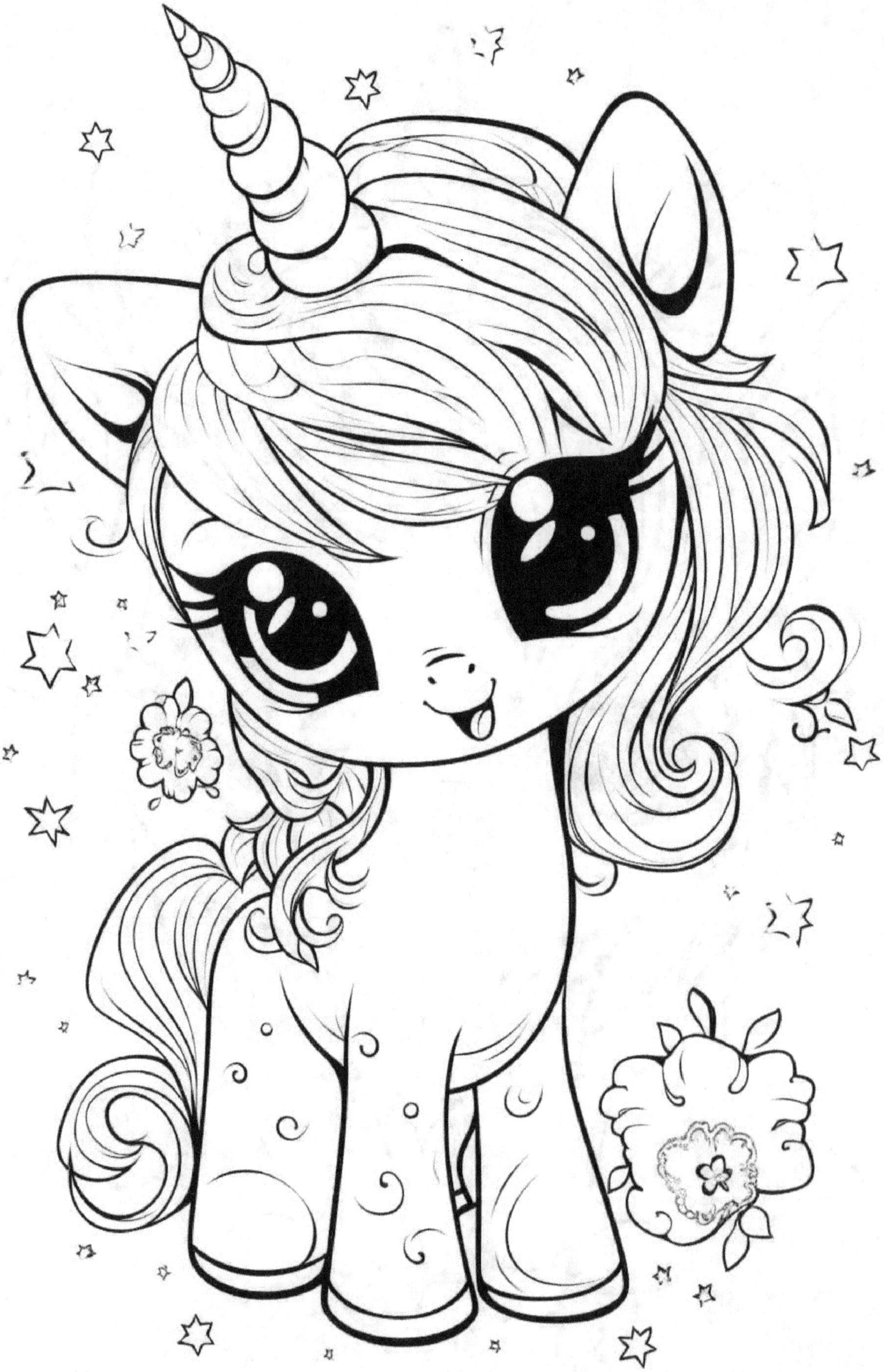

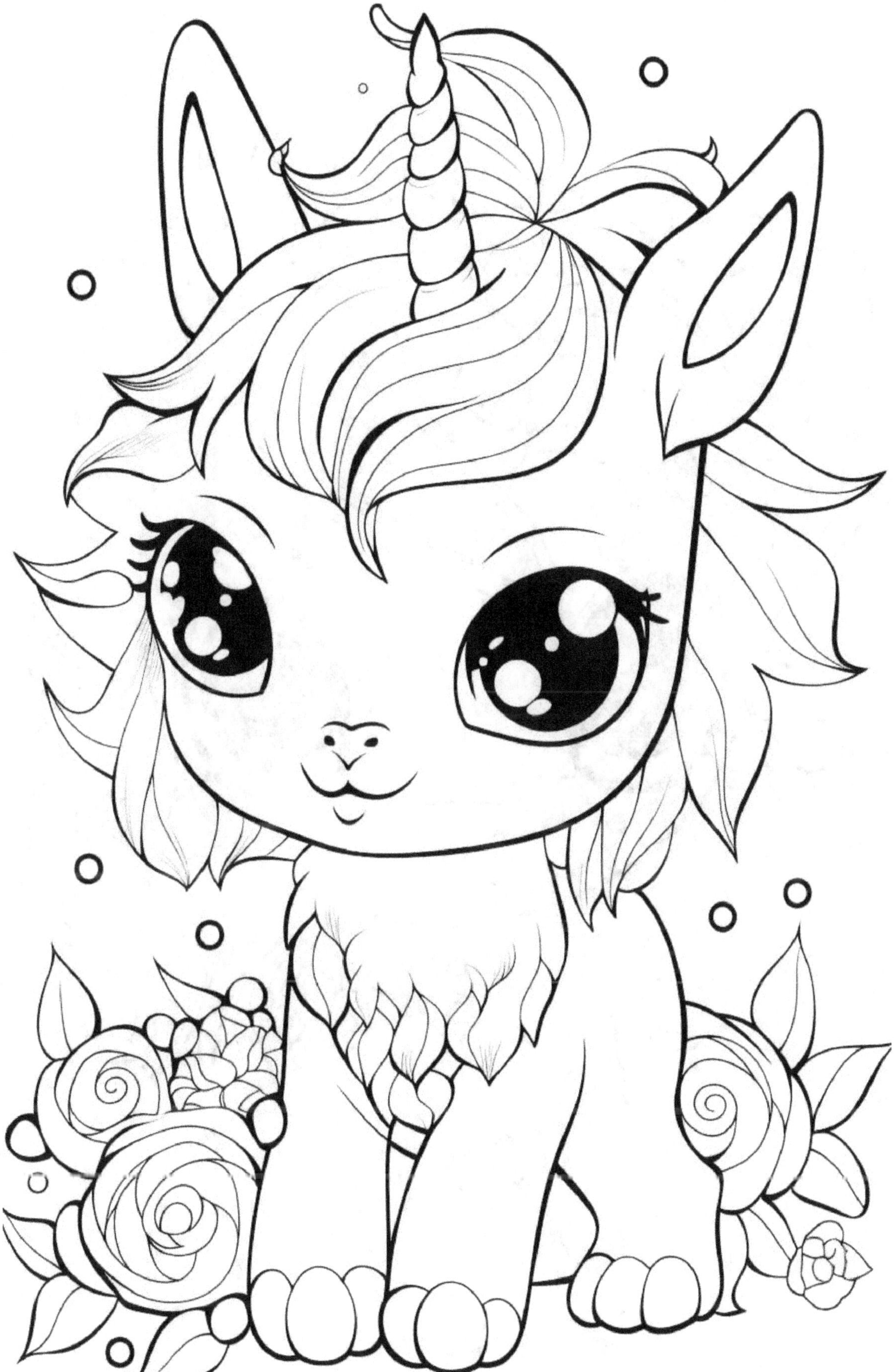

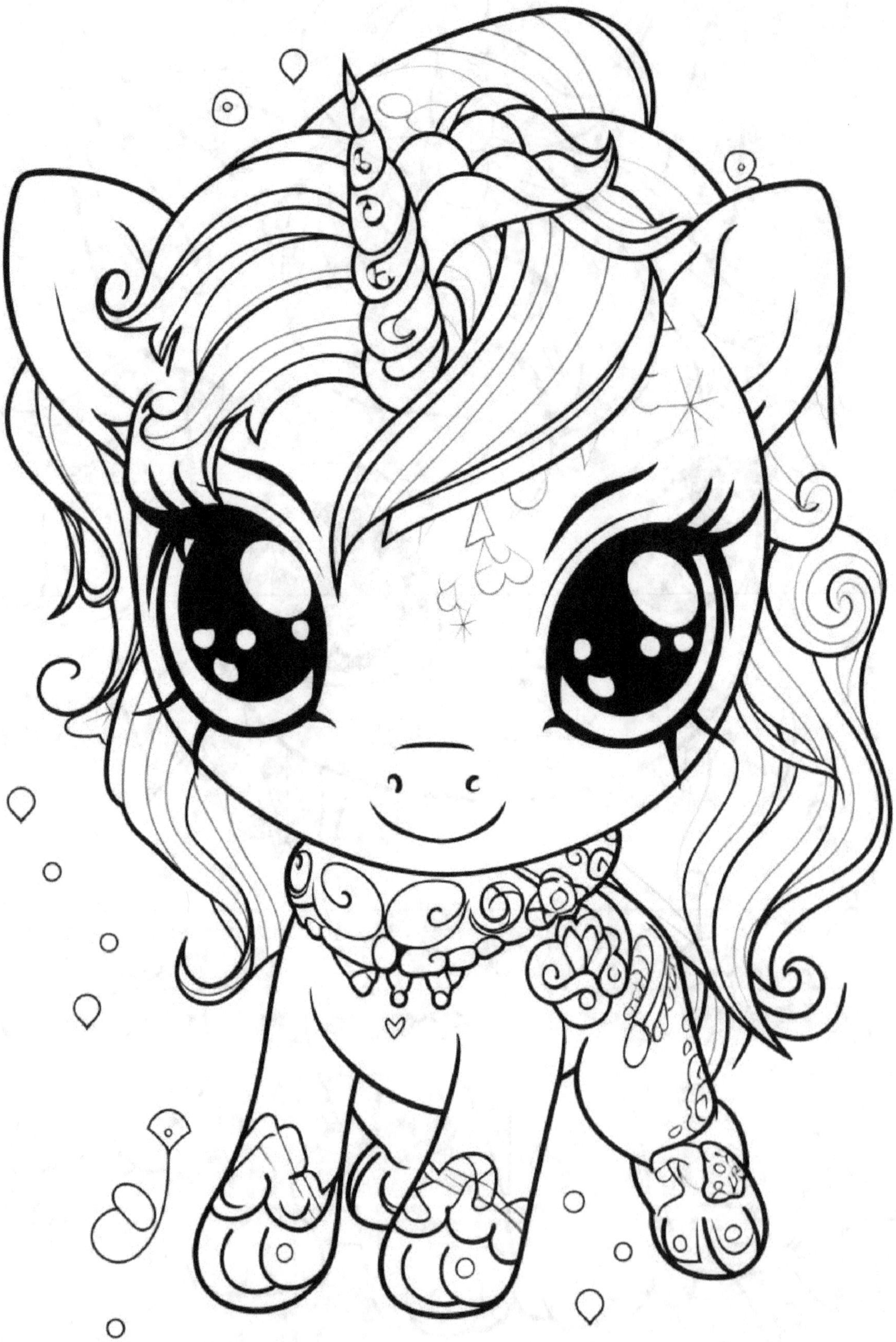

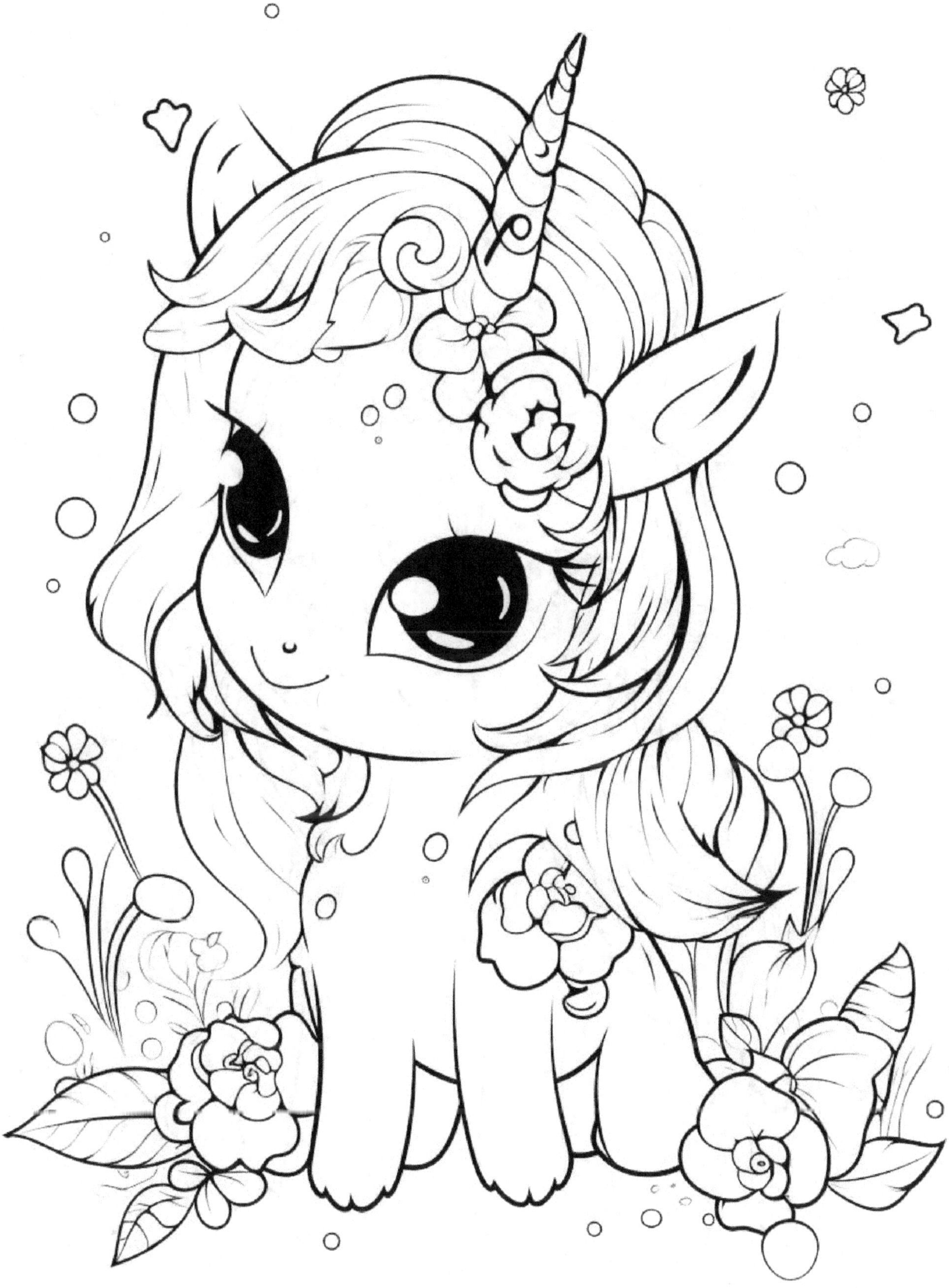

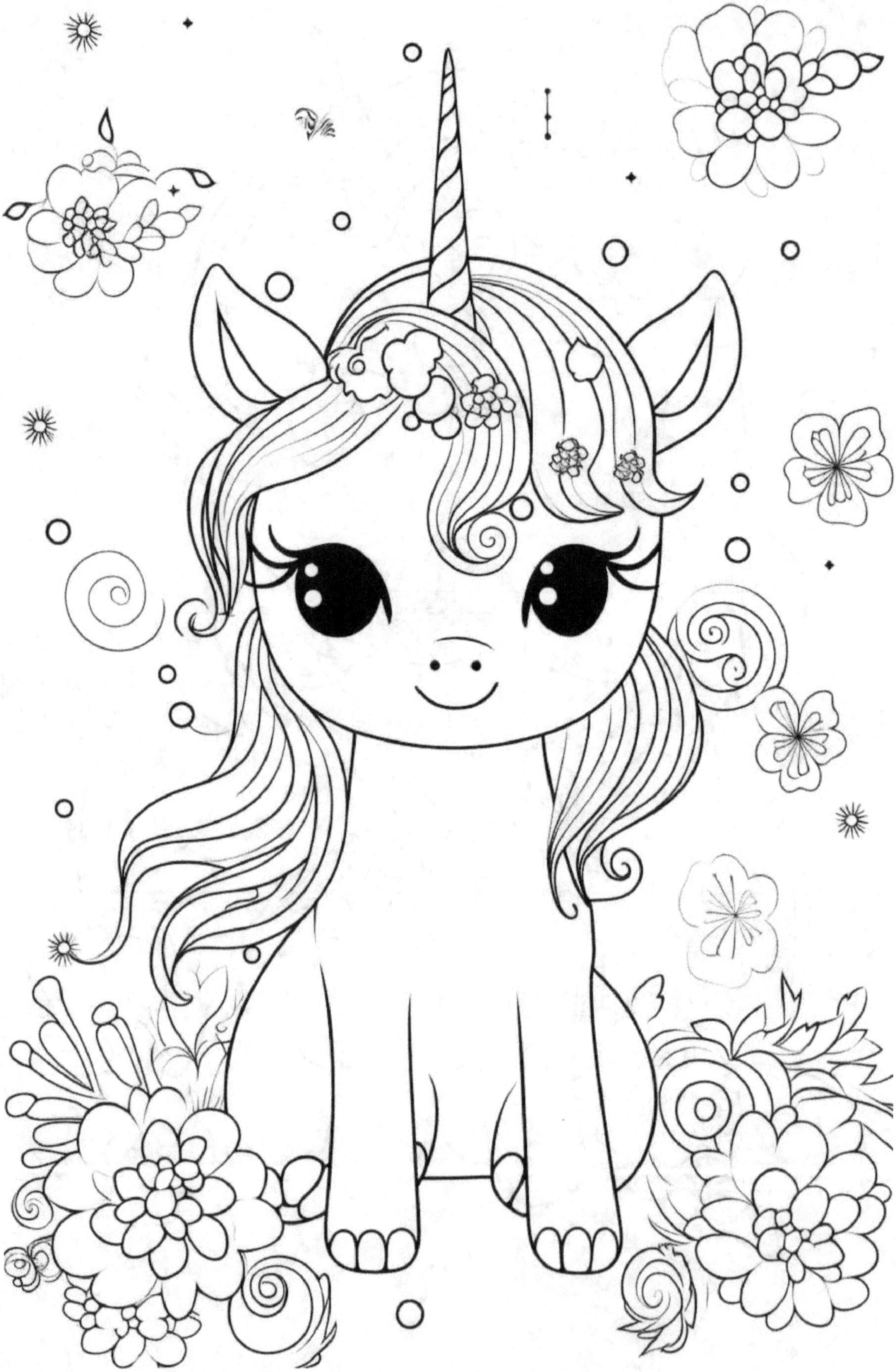

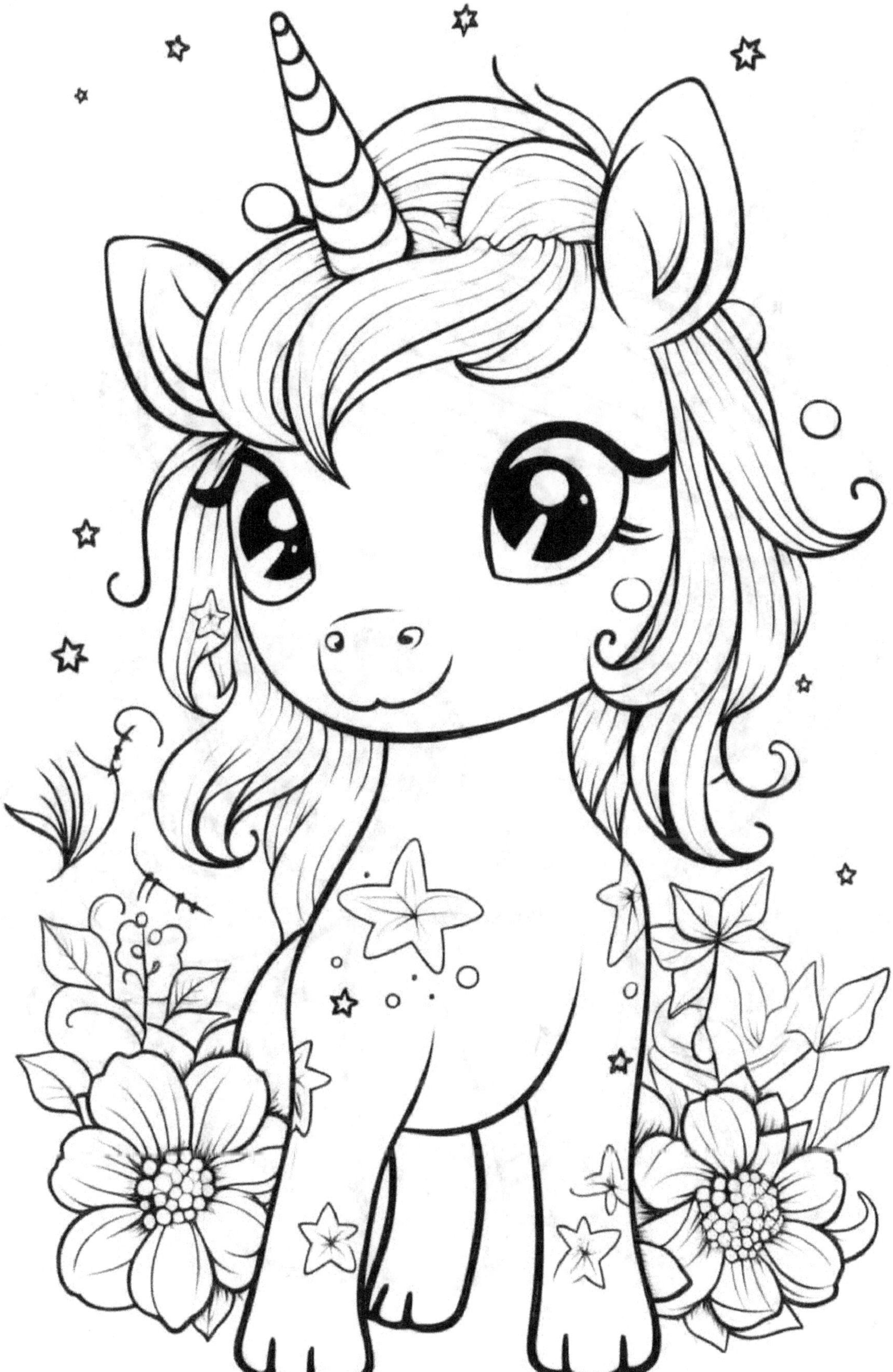

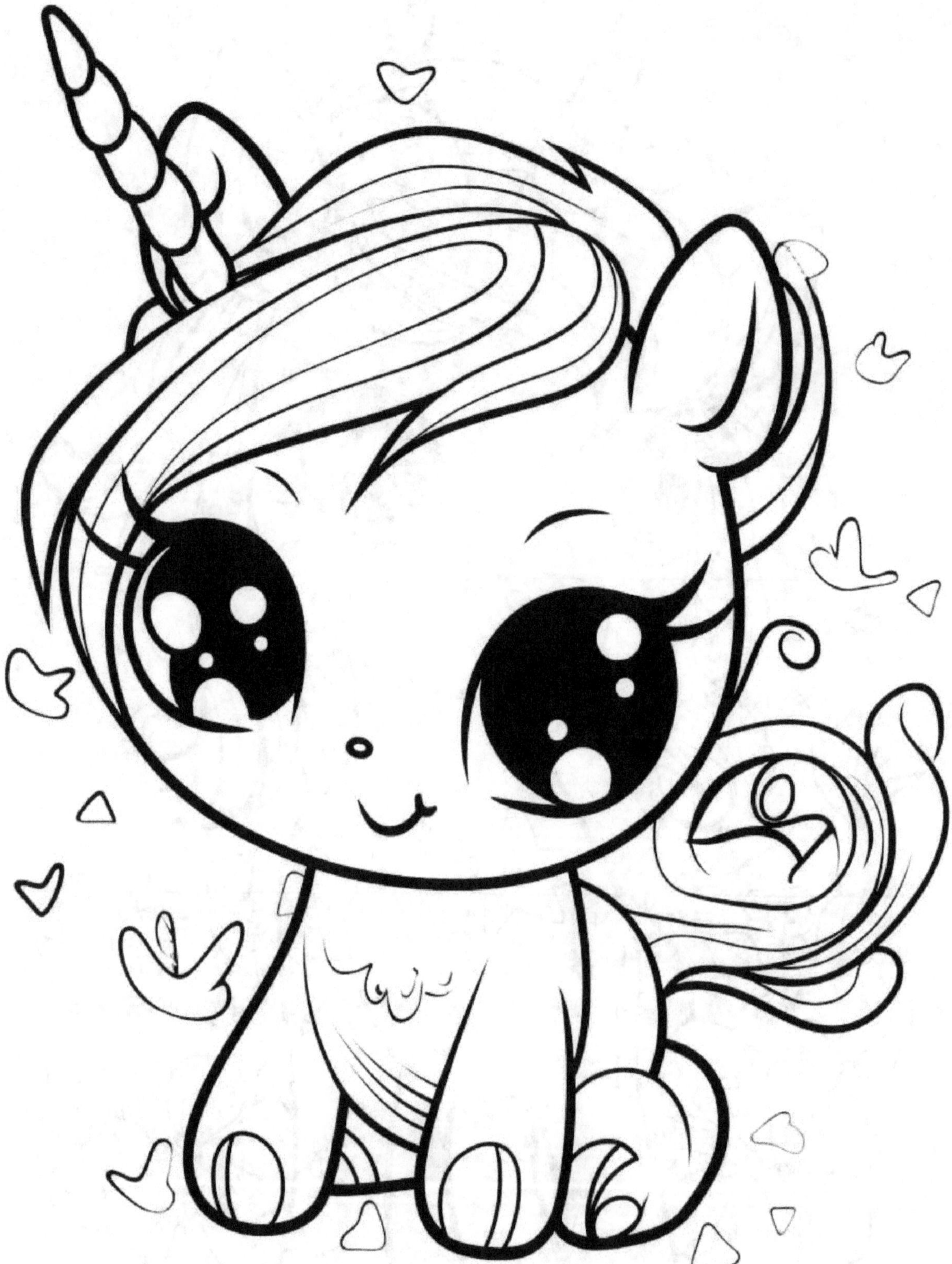

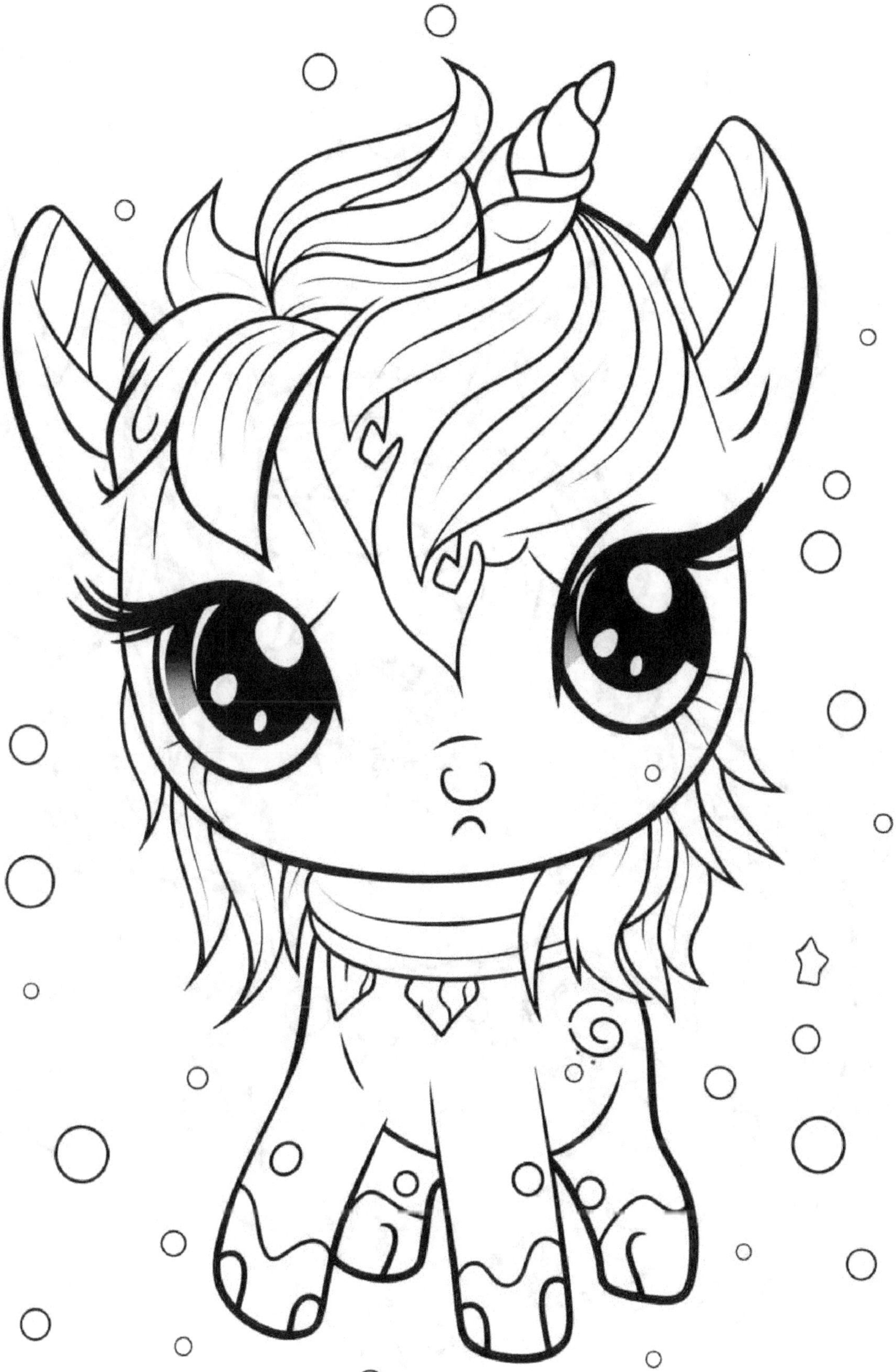

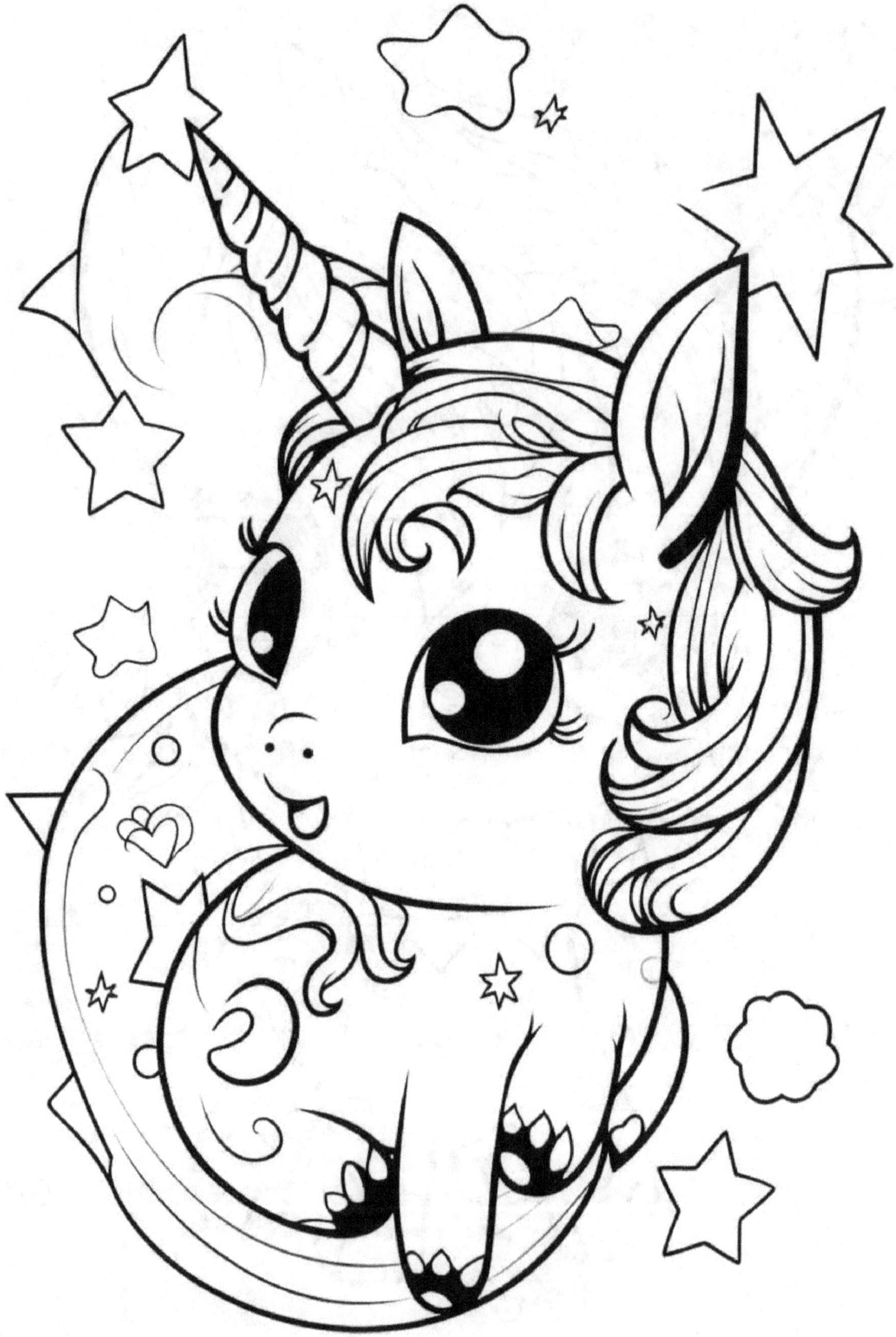

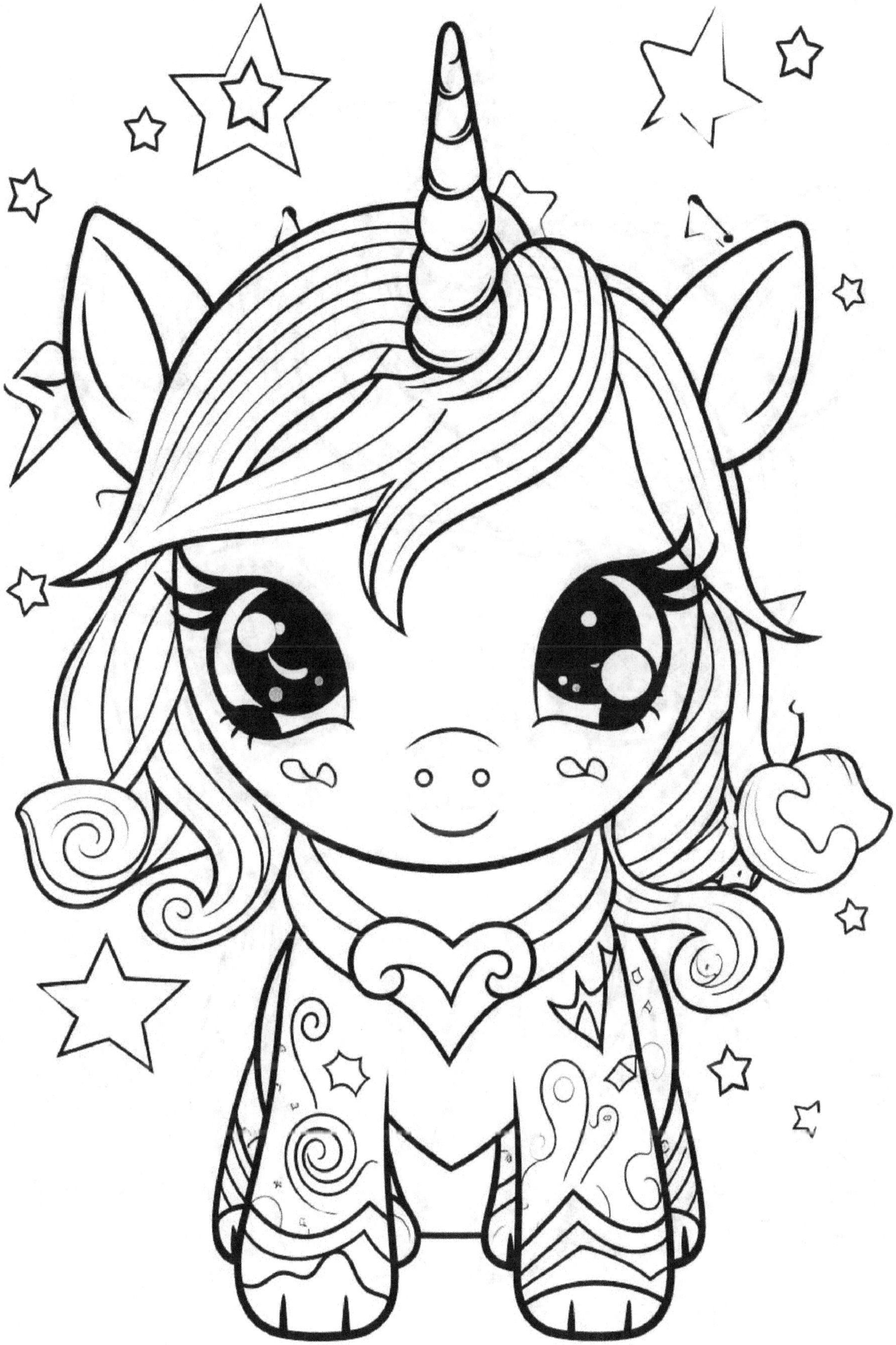

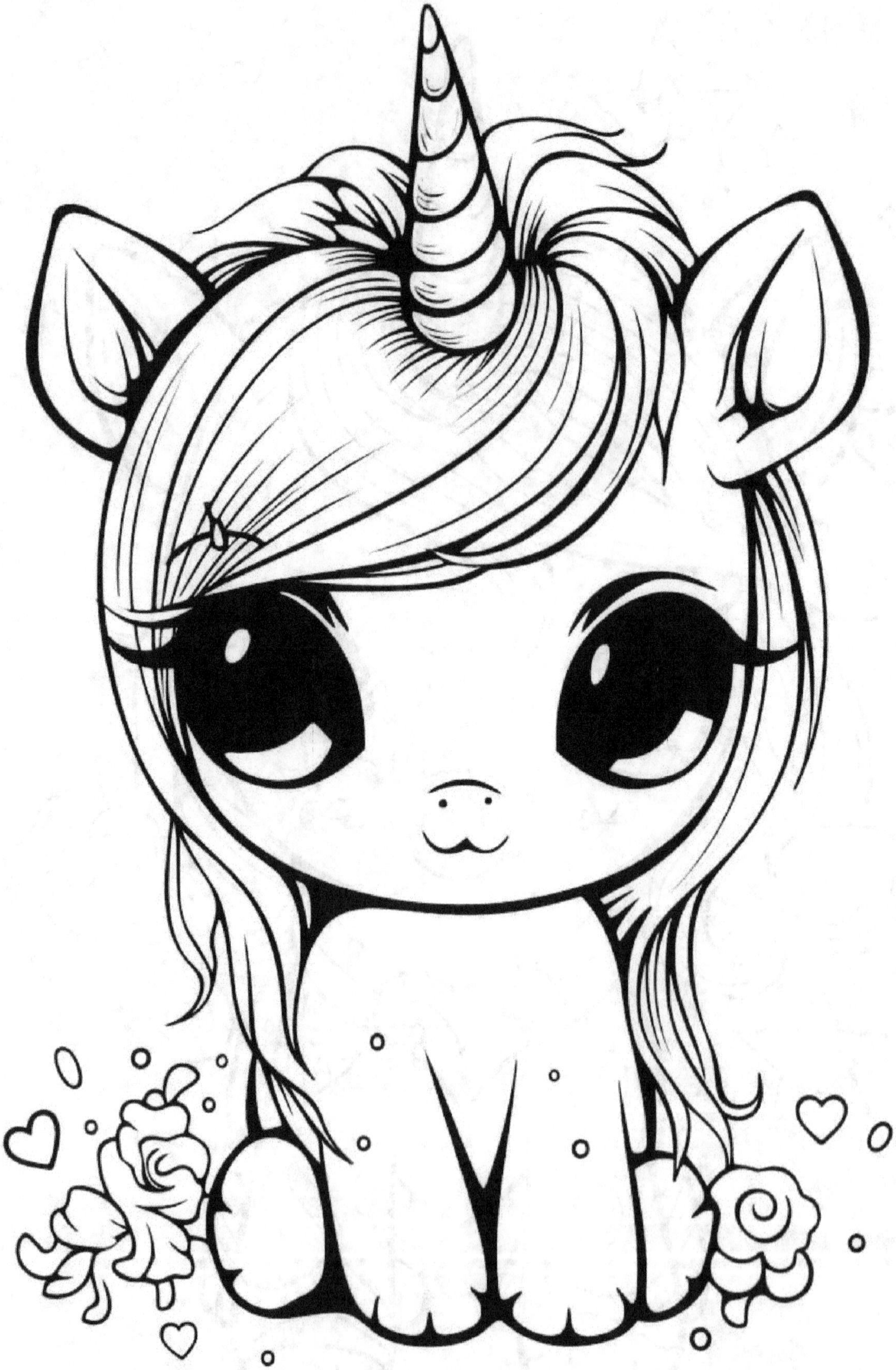

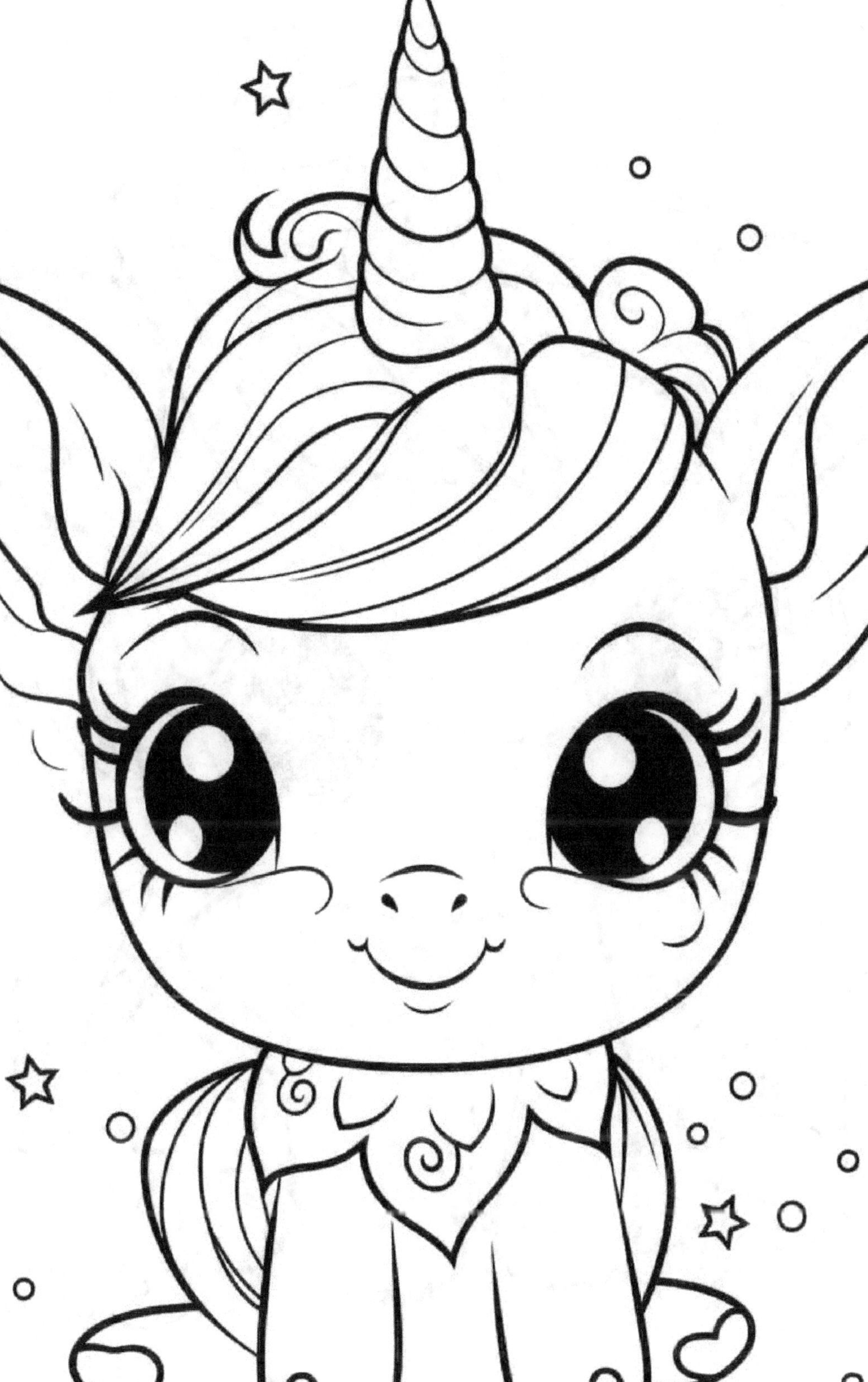

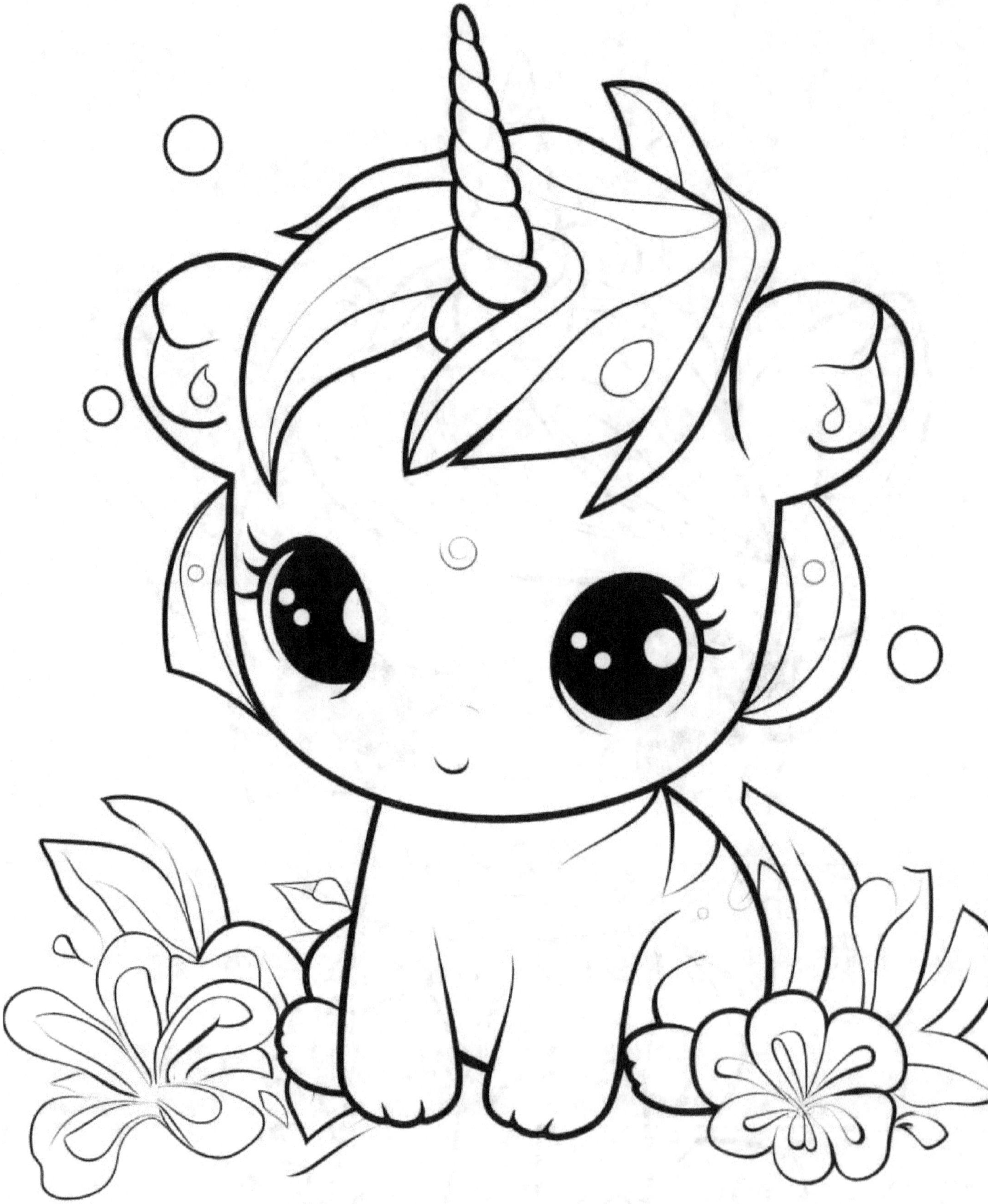

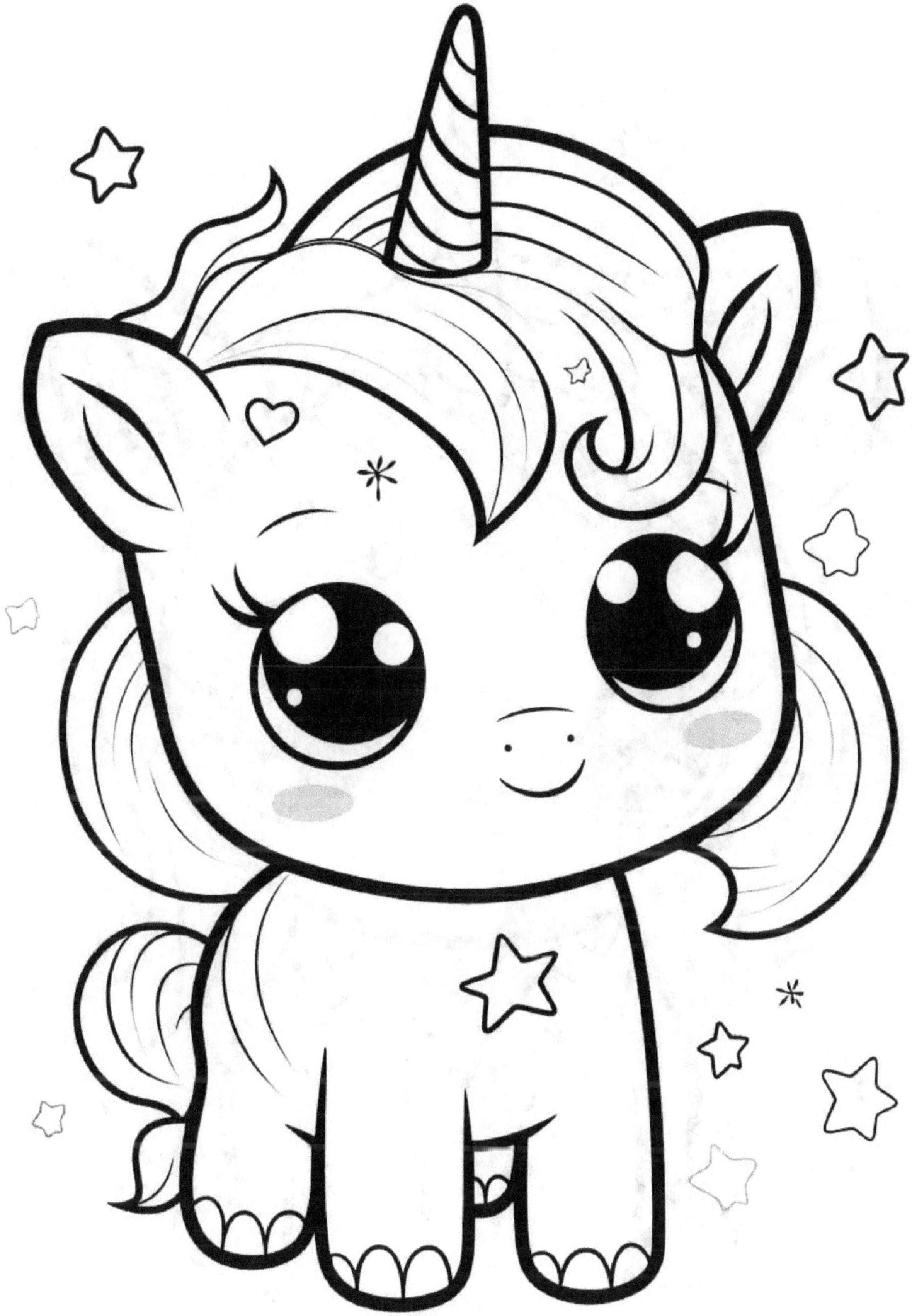

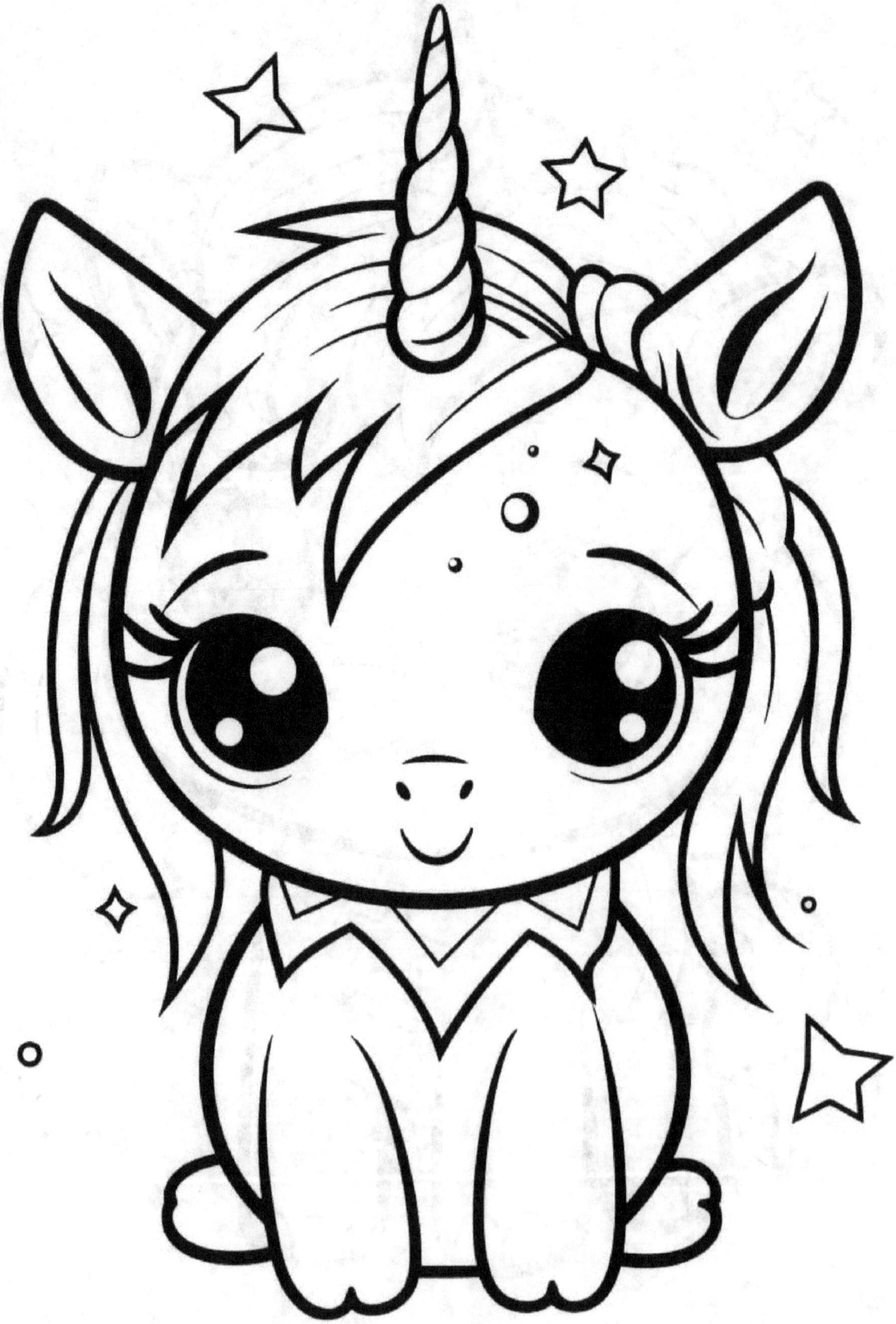

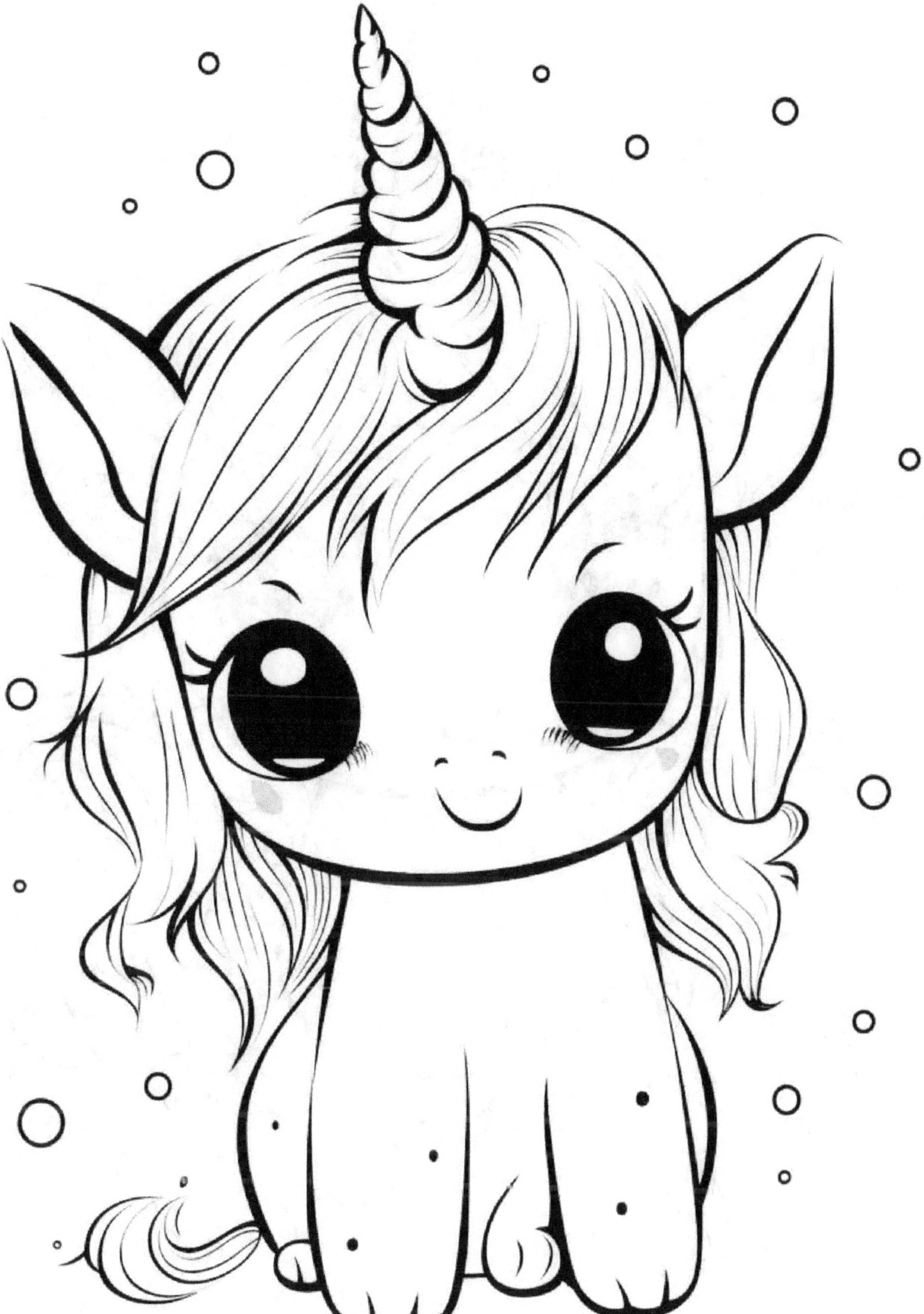

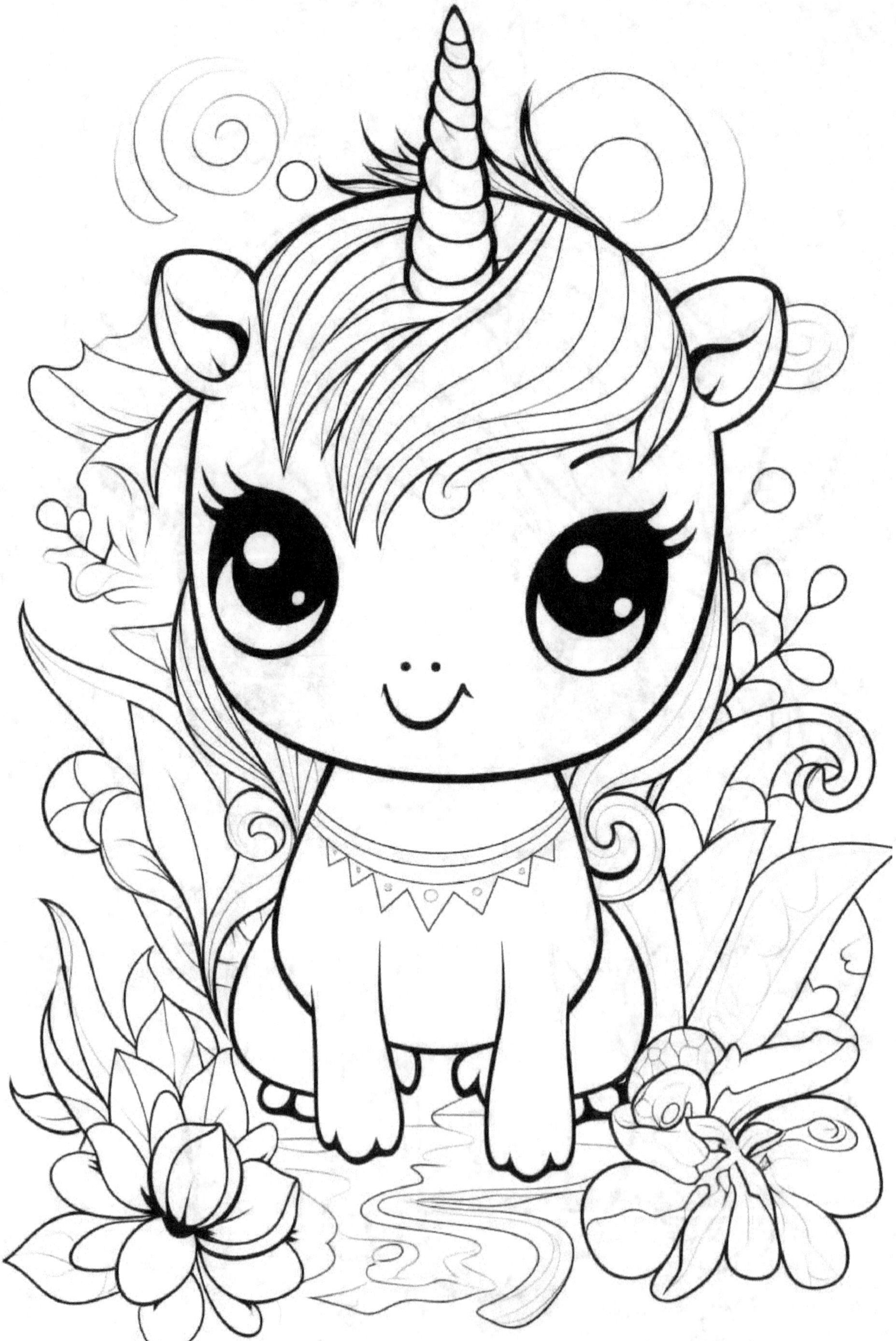

www.ingramcontent.com/pod-product-compliance
Lightning Source LLC
Chambersburg PA
CBHW081709220526
45466CB00009B/2926
* 9 7 9 8 3 9 7 4 1 4 2 8 9 *